MEIN WEG IN DEN MINIMALISMUS

Ende 2016 befand ich mich in einem für mich sehr aufregenden und anstrengenden Lebensabschnitt. Zu jener Zeit war ich orientierungslos, wusste nicht, was ich wollte und konnte nur sehr schlecht Entscheidungen treffen. Eines Abends scrollte ich durch die Netflix-Mediathek, um mich von einem Spielfilm berieseln zu lassen. Dabei stolperte ich über die Dokumentation „Minimalism" des amerikanischen Autorenduos Joshua Fields Millburn und Ryan Nicodemus, die sich „The Minimalists" nennen.

Sehr anschaulich werden dort die Lebenswege der beiden und weiterer Protagonisten erzählt, die durch einen minimalistischen Lebensstil ihre physische und psychische Gesundheit wiedererlangten, Geld- und Beziehungsprobleme auflösten und nun mit weniger glücklich sind. Ich erkannte mich sofort in einigen der porträtierten Personen wieder. Und auf einmal fiel es mir wie Schuppen von den Augen: Wenn ich mich von meinem ganzen Kram trenne, dann habe ich wieder Luft zum Atmen und Energie und Zeit, um kreativ zu sein. Mich hat dieser Film so sehr inspiriert, dass ich nachts um halb vier aufgestanden bin, um zu entrümpeln. Säckeweise schleppte ich den Kram aus meiner Wohnung. Mit jeder vollen Kiste, die das Haus verließ, fühlte ich mich leichter. Am Ende zog ich sogar in ein 25-Quadratmeter-Appartement, das mir inzwischen völlig ausreicht.

Ich freue mich sehr, dir in diesem Diary für die nächsten 66 Tage Denkanstöße, Übungen und Methoden an die Hand zu geben, damit auch du ein leichteres und glücklicheres Leben führen kannst!

Viel Freude und Erfolg beim Reduzieren und LEBEN!

INHALT

ENDLICH ZEIT

statt Zeug

Die Schubladen quellen über, Aufräumen ist ein endloses Unterfangen und der Überblick über die eigenen Besitztümer ist schon längst verloren gegangen ...
Geht dir das auch so? Viele von uns fühlen sich von ihrem materiellen Besitz überfordert und erdrückt. Minimalismus ist der Trend unserer Zeit, der hierzu eine Alternative bietet. Nur noch das besitzen, was man wirklich braucht und woran man wirklich Freude hat - hört sich gut an! Doch wo anfangen?
Der erste Schritt: Verändere deine Gewohnheiten! Dieses Journal aus der neuen Reihe „Dein Daily Diary" hilft dir dabei. Es ist eine Praxisanleitung für deinen Alltag, die es dir ermöglicht, mehr Klarheit und Übersicht zu gewinnen, neue Verhaltensmuster einzuüben und diese dauerhaft als positive Gewohnheiten zu etablieren.

In deinem persönlichen Journal findest du für 66 Tage Impulse, Hintergrundinformationen und viele Übungen, die deinem Gehirn helfen, neue Routinen abzuspeichern. Wenn es mal nicht so läuft und du keine Zeit hattest, die Tagesaufgabe zu anzugehen, mache dir keine Sorgen. Starte einfach am nächsten Tag neu. Wichtig ist nur, dass du am Ball bleibst, damit du deine neuen Gewohnheiten des Aufräumens und Ausmistens im Lauf der Zeit so in deinem Gehirn ablegst, dass sie automatisch ablaufen. Was du davon hast? Mehr Struktur und Überblick in deinem Alltag, mehr Freiheit und mehr Zeit für das richtige Leben!

Also: Weg damit - und her mit dem schönen Leben!

VOM GUTEN VORSATZ ZUR WILLKOMMENEN GEWOHNHEIT

Wir alle haben gute Vorsätze, ganz besonders zu Beginn eines neuen Jahres: Wir nehmen uns vor, besser auf uns selbst zu achten, die Wohnung zu entrümpeln, weniger Zeit mit Smartphone & Co. zu verschwenden… Die ersten ein, zwei Wochen halten wir meistens noch gut durch, aber wenn die Euphorie des Anfangs verflogen ist, wird es immer schwerer, die neuen Gewohnheiten im Alltag beizubehalten – bis wir es dann doch wieder sein lassen.

Damit ist jetzt Schluss! Mit der neuen Reihe DEIN DAILY DIARY gelingt es dir ganz einfach, deine guten Vorsätze langfristig in die Tat umzusetzen. Die Reihe beruht auf einer Studie des University Colleges in London. Dort untersuchten britische Forscher, wie lange es dauert, bis ein neues Verhalten zur Gewohnheit wird. Die Versuchspersonen bekamen die Aufgabe, sich eine gesunde Routine anzueignen und diese täglich auszuüben, etwa ein Stück Obst zu essen oder einen 15-minütigen Spaziergang zu machen. Das Ergebnis: Es dauerte im Schnitt 66 Tage, bis sie der neuen Angewohnheit nachgingen, ohne darüber nachzudenken.

Damit auch du in Zukunft nicht mehr in der Vorsatz-Falle steckenbleibst, enthält das DAILY DIARY Denkanstöße, Übungen, Aufgaben und Challenges für 66 Tage, die dir helfen, neue Gewohnheiten so einzuüben und zu festigen, dass selbstverständliche Routinen daraus werden. So bleibt es garantiert nicht mehr nur bei Vorsätzen!

Zusätzlich zur täglichen Inspiration halten so genannte „Wissensinseln" interessante Hintergrundinformationen zum jeweiligen Thema bereit. So kannst du dich noch intensiver einarbeiten und erhältst weitere Impulse, die dich motivieren, am Ball zu bleiben. Und damit du deine Fortschritte auch nachverfolgen und reflektieren kannst, findest du alle elf Tage einen Mood-Tracker, der dir dabei hilft, deine Entwicklung sichtbar zu machen. Wie das funktioniert, kannst du auf der folgenden Seite nachlesen - hier findest du auch schon deinen ersten Mood-Tracker.

Damit dein Gehirn neue Routinen abspeichert, benötigt es viele Wiederholungen. Solltest du mal einen Tag Pause machen – nicht weiter schlimm! Bleibe trotzdem dran und versuche, während der 66 Tage keine größeren Auszeiten von deinem Vorhaben zu nehmen, damit dein neues Verhaltensmuster wirklich zur automatischen Gewohnheit wird. Du wirst sehen: Neue Vorsätze zu verwirklichen hat noch nie so viel Spaß gemacht!

DEIN WEGBEGLEITER

der Mood-Tracker

In 66 Tagen zu neuen, positiven Gewohnheiten und Verhaltensmustern – du wirst sehen, es wird dir gelingen! Damit du dir einen guten Überblick über deine Fortschritte verschaffen kannst, findest du in deinem persönlichen Journal immer nach elf Tagen einen Mood-Tracker, insgesamt sechs an der Zahl.

Im Mood-Tracker hältst du Tag für Tag mit unterschiedlichen Farben die Gefühle und Stimmungen fest, die du auf deinem Weg zu neuen, wohltuenden Routinen in deinem Alltag empfindest. Diese Visualisierung macht es dir einfach, deine momentane Gefühlslage zu reflektieren, aber auch, deine Entwicklung nachzuverfolgen. Vielleicht stellst du fest, dass es in deinen Gedanken oder in deinem Verhalten Muster gibt. Sobald du diese erkannt hast, kannst du sie durchbrechen oder auch wiederholen, wenn sie dich auf einen positiven Weg führen.

Die Vorlage des Mood-Trackers ist in elf unterschiedlich große Flächen aufgeteilt. In der Legende findest du drei verschiedene Moods. Male die Fläche des betreffenden Tages in der Farbe aus, die deiner Stimmungslage an diesem Tag am nächsten kommt. Suche dir die Farben dazu ganz einfach selbst aus. Du wirst sehen, durch die tägliche Umsetzung einer Aufgabe und die Analyse deines Befindens wirst du schnell Fortschritte machen und Schritt für Schritt zu mehr Glück und Zufriedenheit finden.

TRACK DEN FORTSCHRITT

VERSCHAFFE DIR EINEN ÜBERBLICK ÜBER DEINEN FORTSCHRITT, INDEM DU JEDEN TAG EINE FLÄCHE AUSMALST.

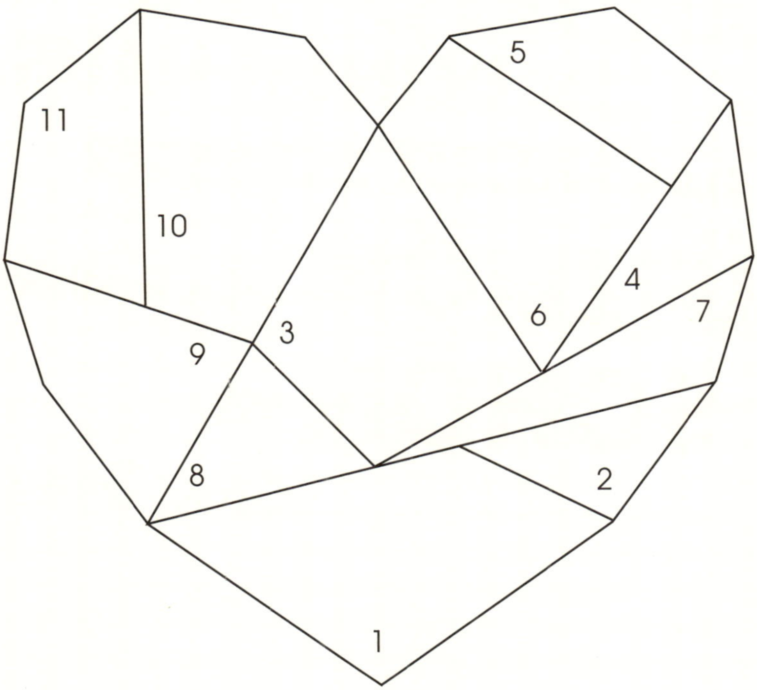

- HEUTE HABE ICH ETWAS AUSSORTIERT UND MICH RICHTIG GUT DABEI GEFÜHLT.
- HEUTE HABE ICH WEDER ETWAS AUSSORTIERT NOCH ETWAS NEUES ANGESCHAFFT.
- HEUTE HABE ICH ETWAS GEKAUFT ODER ANGENOMMEN, DAS ICH EIGENTLICH NICHT WIRKLICH BRAUCHE.

ZITAT

TAG 1

„HABE NICHTS IN DEINEM HAUS, DAS NICHT ENTWEDER NÜTZLICH ODER WIRKLICH SCHÖN IST.“

WILLIAM MORRIS

ÜBUNG

TAG 2

SCHAU DICH EINMAL AUFMERKSAM IN DEINEM WOHNZIMMER UM. WIE VIELE DEKOARTIKEL ENTDECKST DU? VASEN, STEINE, KERZENSTÄNDER, MUSCHELN AUS DEM LETZTEN URLAUB, GETROCKNETE BLUMENSTRÄUSSE … STEHEN SIE WIRKLICH DORT, WEIL SIE EINE WOHLFÜHLATMOSPHÄRE SCHAFFEN UND DICH GLÜCKLICH MACHEN – ODER NUR, WEIL DU DICH BISHER NICHT VON IHNEN TRENNEN KONNTEST?

CHALLENGE

TAG 3

SORTIERE DIESE WOCHE JEDEN TAG EIN DEKOOBJEKT AUS UND VERKAUFE ODER VERSCHENKE ES. DU WIRST SCHNELL MERKEN, WELCHE STÜCKE DU GERNE ENTSTAUBST UND BEHALTEN MÖCHTEST UND VON WELCHEN DU DICH GUT VERABSCHIEDEN KANNST, WEIL SIE WIRKLICH NUR BALLAST SIND.

NOTIERE HIER, WIE ES DIR DABEI ERGANGEN IST.

....

....

....

....

....

....

ZITAT

TAG 4

„WER NICHT
VERZICHTEN KANN,
KANN NICHT GENIESSEN.
WER ABER SO AUF DAS
VERZICHTEN FIXIERT IST,
DASS ER DAS GENIESSEN
VERGISST,
DER WIRD UNGENIESSBAR."

ANSELM GRÜN

ÜBUNG

TAG 5 + TAG 6

STELLE DIR VOR, DU BEKOMMST DEINEN TRAUMJOB IN DEINER TRAUMSTADT. EINZIGE BEDINGUNG: DU MUSST ALLES HINTER DIR LASSEN UND GANZ NEU ANFANGEN. ÜBERLEGE, WELCHE DINGE DU AUF JEDEN FALL MITNEHMEN WÜRDEST. ES MUSS ALLES IN EINEN KOFFER PASSEN. SCHREIBE EINE LISTE DIESER DINGE.

LISTE

Was packe ich ein?	Weshalb packe ich es ein?	Wozu ist es nützlich?

CHALLENGE

TAG 7

LEGE DEINEN KOFFER OFFEN IN DEIN SCHLAFZIMMER UND PACKE ALL DIE DINGE, DIE AUF DEINER LISTE STEHEN (SEITE 12/13), HINEIN. PRÜFE JEDEN TAG, OB DIES AUCH WIRKLICH DIE DINGE SIND, DIE DU MITNEHMEN WÜRDEST ODER OB DU ETWAS AUSTAUSCHEN MÖCHTEST. GIB DIR ZWEI WOCHEN ZEIT, DANN SOLLTE DER ENDGÜLTIGE INHALT FESTSTEHEN. MACHE EIN FOTO DEINES GEPACKTEN KOFFERS UND LEGE ES IN DEINEN KALENDER.

ZITAT

TAG 8

„EIN VOLLER
TERMINKALENDER
IST NOCH LANGE
KEIN ERFÜLLTES LEBEN."

KURT TUCHOLSKY

ÜBUNG

TAG 9

NIMM DIR IN RUHE DEINEN TERMINKALENDER VOR. WIE VIELE TERMINE HAST DU NÄCHSTE WOCHE AUSSERHALB DEINER ARBEITSZEIT? BIST DU JEDEN TAG KOMPLETT VERPLANT? WAS FÜR EIN GEFÜHL STELLT SICH EIN, WENN DU AN DIE NÄCHSTE WOCHE DENKST – LÖST DIE VORSCHAU STRESS IN DIR AUS?

NOTIERE DEINE EINSCHÄTZUNG HIER.

....

....

....

....

....

....

CHALLENGE

TAG 10

VEREINBARE FÜR DIE NÄCHSTEN 66 TAGE NUR EINEN TERMIN PRO WOCHE MIT FREUNDEN. SPORT UND ARZTTERMINE SIND AUSGENOMMEN. MACHE DIR BEWUSST, WIE SICH DIE FREIE ZEIT ANFÜHLT, DIE DIR DANN ZUR VERFÜGUNG STEHT. WIRD DIR LANGWEILIG, MUSST DU DICH MIT FERNSEHER UND INTERNET ABLENKEN ODER FÄLLT ES DIR LEICHT, DICH MIT DIR SELBST ZU BESCHÄFTIGEN?

NOTIERE HIER, WAS FÜR ERFAHRUNGEN DU GEMACHT HAST.

ZITAT

TAG 11

„ES GIBT NUR
EIN MITTEL,
SICH WOHLZUFÜHLEN:
MAN MUSS LERNEN,
MIT DEM GEGEBENEN
ZUFRIEDEN ZU SEIN
UND NICHT IMMER DAS
VERLANGEN,
WAS GERADE FEHLT."

THEODOR FONTANE

TRACK DEN FORTSCHRITT

VERSCHAFFE DIR EINEN ÜBERBLICK ÜBER DEINEN FORTSCHRITT, INDEM DU JEDEN TAG EINE FLÄCHE AUSMALST.

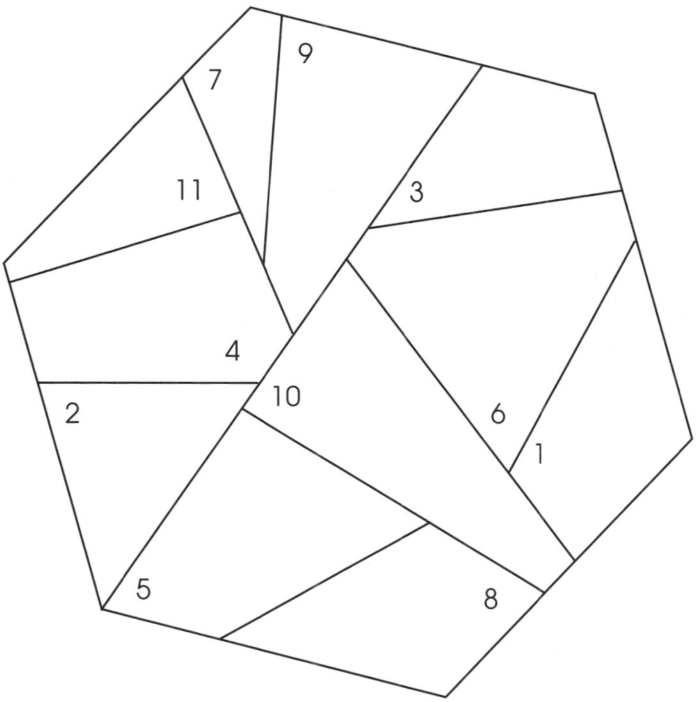

- [ ] HEUTE HABE ICH ETWAS AUSSORTIERT UND MICH RICHTIG GUT DABEI GEFÜHLT.
- [ ] HEUTE HABE ICH WEDER ETWAS AUSSORTIERT NOCH ETWAS NEUES ANGESCHAFFT.
- [ ] HEUTE HABE ICH ETWAS GEKAUFT ODER ANGENOMMEN, DAS ICH EIGENTLICH NICHT WIRKLICH BRAUCHE.

KNOW HOW

Warum weniger mehr ist

Minimalismus bedeutet nicht, nur mit ein paar wenigen Habseligkeiten zu leben. Es bedeutet auch nicht, dass es bei dir zuhause wie in einem Zen-Kloster aussehen muss. Okay, für manche Menschen kann das heißen, auf kleinstem Raum zu wohnen oder kaum mehr als eine Hängematte zu besitzen. Aber darum geht es hier nicht. Meine Vorstellung von Minimalismus hat vor allem damit zu tun, dass du ein Bewusstsein dafür entwickelst, wie viele Dinge du besitzt und welche Bedeutung sie für dich haben. Jemand, der Kunst liebt und viele Gemälde und Skulpturen besitzt, kann trotzdem Minimalist sein. Dieser Mensch wird von der Kunst, die ihn umgibt, täglich inspiriert. Sie bereichert sein Leben.

Im Englischen gibt es die Begriffe „clutter" und „declutter". Ich habe lange nach einer passenden Übersetzung gesucht: Kram, Zeug, Nippes. Letzten Endes bin ich bei Gerümpel hängen geblieben. Liebend gerne hätte ich ein positiveres Wort dafür gewählt, aber es ist, was es ist: Gerümpel.

Wenn du ein leichteres, sorgenfreieres und erfüllteres Leben führen möchtest, wirst du nicht darum herum kommen, zu entrümpeln. Auch Gedanken, Beziehungen und Verhaltensweisen können entrümpelt werden, in diesem Diary geht es jedoch um Dinge. Um Gegenstände, die du anfassen kannst, die du entstauben musst, die dir im Weg stehen, die du zur Seite räumen musst, um an wichtigere Dinge zu kommen. Dinge, die nach einem Umzug unausgepackt im Keller stehen und die du zwei Jahre lang nicht anrührst.

Vieles davon würdest du wohl ungern als Gerümpel bezeichnen, trotzdem bleibt es Krempel, der dir Energie raubt. Stelle dir vor, all das befände sich nicht länger in deinem Haushalt - würde sich das nicht unglaublich gut anfühlen? Wärst du nicht befreit und erleichtert?

Die folgende Liste macht es dir leichter, Überflüssiges in deinem Haushalt zu entlarven.

1. Alles, was unbequem ist - das kann ein Stuhl sein, Schuhe, die drücken oder sogar dein Bett
2. Alles, was kaputt ist - zum Beispiel das gesprungene Kristallglas oder der alte Wäscheständer
3. Alles, was abgelaufen ist - die Sonnencreme vom Vorjahr, Medikamente oder Lebensmittel
4. Alles, was doppelt vorhanden ist - Flaschen- oder Dosenöffner, Kochlöffel und Küchengeräte
5. Alles, was im Überfluss vorhanden ist - die dreißigste Strumpfhose, leere Marmeladengläser oder Tütenclipse
6. Alles, was unliebsame Erinnerungen weckt - zum Beispiel der Terracotta-Topf aus dem verregneten Toskanaurlaub
7. Geschenke, die du nie wolltest - die Porzellanpuppe deiner Großtante oder ein Nierenwärmer
8. Bücher und Zeitschriften, die du nie lesen wirst - zum Beispiel Romane, bei denen du nie über die ersten 15 Seiten hinausgekommen bist
9. Erbstücke, die keine Bedeutung für dich haben - das kann die Kuckucksuhr sein oder ein Silberlöffel-Set
10. Teure, unbenutzte Gegenstände - das Tafelsilber der Großmutter, die Damast-Tischdecke oder der Cashmere-Pullover
11. Alte Elektrogeräte - das Radio oder der CD-Player, der in Zeiten von Streamingdiensten nicht mehr genutzt wird
12. Visitenkarten und Flyer - denn die wichtigsten Informationen sind schon im Handy und dem Kalender gespeichert
13. Die Für-den-Fall-der-Fälle-Dinge - das können Sport- oder Küchengeräte sein
14. Papierkram mit nutzlosen Informationen - meist vom Telefon- oder Stromanbieter oder der Krankenkasse
15. Gerümpel der Kinder - abgetragene Kleidung, nicht mehr altersgerechtes Spielzeug

ÜBUNG

TAG 12 + TAG 13

SCHREIBE AUF, WAS DU – ABGESEHEN VON LEBENSMITTELN – IN DEN LETZTEN VIER WOCHEN ALLES GEKAUFT HAST, SOWOHL ONLINE ALS AUCH OFFLINE. ERINNERE DICH DARAN, IN WELCHER STIMMUNG DU BEIM KAUF WARST UND OB ES GEPLANTE EINKÄUFE ODER SPONTANKÄUFE WAREN.

LISTE

Kauf-datum	Was habe ich gekauft?	Spontankauf/ geplant	Welche Gefühle hatte ich beim Kauf?	Wie oft habe ich es seitdem benutzt?

CHALLENGE

TAG 14

KAUFE – ABGESEHEN VON LEBENSMITTELN – DIE NÄCHSTEN 14 TAGE NICHTS. WIRKLICH NICHTS, WEDER ONLINE NOCH OFFLINE. WENN DU EINEN STARKEN KAUFIMPULS VERSPÜRST, NOTIERE HIER, WAS DU GERNE KAUFEN WOLLTEST UND WESHALB.
SCHAUE DIR DIE LISTE NACH DEN ZWEI WOCHEN AN UND HÖRE IN DICH HINEIN, WAS DU DAVON WIRKLICH NOCH BENÖTIGST UND KAUFEN MUSST.

ZITAT

TAG 15

„WENN ICH ETWAS KAUFE, BEZAHLE ICH NICHT MIT GELD. ICH BEZAHLE MIT MEINER ZEIT, DIE ICH GEBRAUCHT HABE, UM DIESES GELD ZU VERDIENEN."

QUADRASOPHICS.COM

ÜBUNG

TAG 16

SCHAUE IN ALLE KÜCHENSCHRÄNKE UND – FALLS DU EINE HAST – AUCH IN DIE VORRATSKAMMER. VERSCHAFFE DIR AUF DIESE WEISE EINEN ÜBERBLICK ÜBER DIE NAHRUNGSMITTEL, DIE DU ZU HAUSE AUFBEWAHRST. BRAUCHST DU WIRKLICH VIER PACKUNGEN DEINER LIEBLINGS-NUDELSORTE UND DREI VERSCHIEDENE MEHLSORTEN? WIE VIELE DER LEBENSMITTEL SIND SCHON ABGELAUFEN? SORTIERE SIE AUS.

CHALLENGE

TAG 17

KAUFE AUSSER FRISCHEM OBST, GEMÜSE UND MILCHPRODUKTEN SO LANGE KEINE NAHRUNGSMITTEL, BIS DEINE VORRÄTE AUFGEBRAUCHT SIND. SCHWIERIG? MOTIVIERE DICH MIT EINER VERJÜNGUNGSKUR FÜR DEINEN VORRATSSCHRANK! PUTZE IHN AUS UND VERSTAUE ALL DIE LEBENSMITTEL, DIE DU WIRKLICH IMMER IM HAUS HABEN MÖCHTEST, IN LUFTDICHT VERSCHLIESSBAREN GEFÄSSEN AUS GLAS ODER TON. SO SIEHT DER SCHRANK IMMER AUFGERÄUMT AUS, DIE NAHRUNGSMITTEL SIND VOR SCHÄDLINGEN WIE LEBENSMITTELMOTTEN GESCHÜTZT UND DAS AUSWISCHEN FÄLLT AUCH VIEL LEICHTER.

ZITAT

TAG 18

„ZU VIELE LEUTE GEBEN GELD AUS, DAS SIE NICHT HABEN, UM DINGE ZU KAUFEN, DIE SIE NICHT WOLLEN, UM LEUTE ZU BEEINDRUCKEN, DIE SIE NICHT MÖGEN."

WILL ROGERS

ÜBUNG

TAG 19

WIDME DICH HEUTE ALLEN WERTVOLLEN, TEUREN GEGENSTÄNDEN UND ERBSTÜCKEN IN DEINER WOHNUNG. BEI DIESEN DINGEN FÄLLT ES BESONDERS SCHWER, LOSZULASSEN. NIMM JEDES EINZELNE IN DIE HAND – WAS SPÜRST DU? GIBT ES DIR EIN GUTES GEFÜHL ODER ÄRGERST DU DICH JEDES MAL, WENN DU ES ZUR SEITE RÄUMEN ODER ABSTAUBEN MUSST?

NOTIERE HIER, WIE ES DIR DABEI ERGANGEN IST.

CHALLENGE

TAG 20 + TAG 21

ERSTELLE EINE LISTE ALL DER TEUREN GEGENSTÄNDE UND ERBSTÜCKE IN DEINEM BESITZ. SORTIERE WÄHREND DER NÄCHSTEN ZWEI MONATE JEDE WOCHE EIN TEIL DAVON AUS.

LISTE

Was?	Seit wann gehört es mir?	Welches Gefühl löst es in mir aus?	Geschätzter Wert in €

ZITAT

TAG 22

„ERST,
NACHDEM WIR
ALLES VERLOREN HABEN,
HABEN WIR DIE
FREIHEIT,
ALLES ZU TUN.“

FIGHT CLUB

TRACK DEN FORTSCHRITT

VERSCHAFFE DIR EINEN ÜBERBLICK ÜBER DEINEN FORTSCHRITT, INDEM DU JEDEN TAG EINE FLÄCHE AUSMALST.

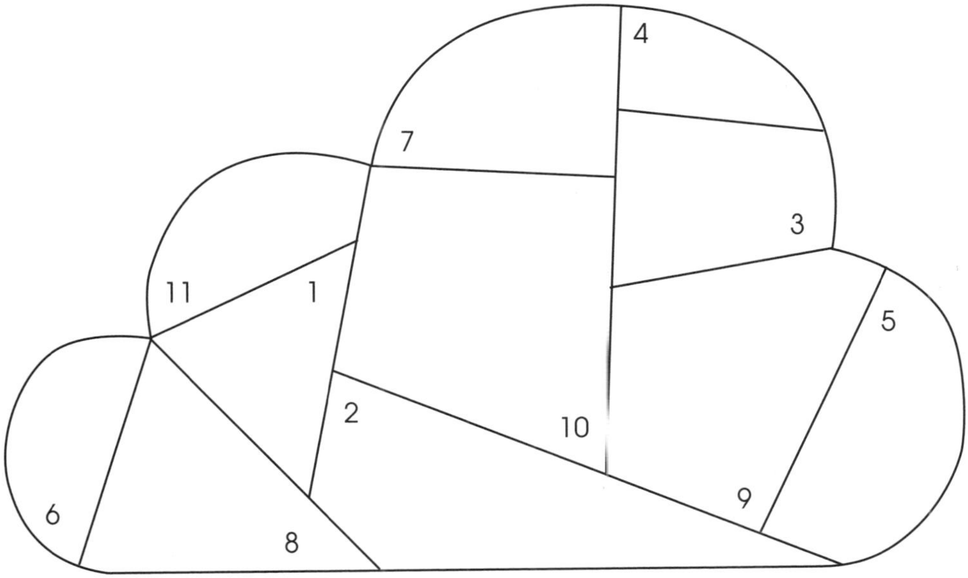

- [ ] HEUTE HABE ICH ETWAS AUSSORTIERT UND MICH RICHTIG GUT DABEI GEFÜHLT.
- [ ] HEUTE HABE ICH WEDER ETWAS AUSSORTIERT NOCH ETWAS NEUES ANGESCHAFFT.
- [ ] HEUTE HABE ICH ETWAS GEKAUFT ODER ANGENOMMEN, DAS ICH EIGENTLICH NICHT WIRKLICH BRAUCHE.

KNOW HOW

Schluss mit Hamstern: Der befreite Vorratsschrank

Zum Glück ist es schon lange her, aber es gab auch hier bei uns in Deutschland Zeiten, in denen Mangel herrschte und alles gehortet wurde, was man bekam, um das Überleben zu sichern. Lebensmittel waren knapp und längst nicht rund um die Uhr verfügbar - man legte Vorräte an, hamsterte, und wer konnte, verarbeitete die Ernte aus dem Garten, um über die Runden zu kommen. Dieses Hamstern hat sich so in unsere Köpfe gebrannt, dass wohl niemand ganz davor gefeit ist.

Meine Großmutter schlägt heute noch beherzt zu, wenn es etwas im Sonderangebot gibt und friert es dann in Häppchen ein. Was sie dabei nicht bedenkt: Das Verpackungsmaterial und die Energiekosten für die Aufbewahrung reduzieren die Ersparnis beim Kauf quasi auf Null. Weshalb also Energie verschwenden, wenn doch heutzutage alles frisch und meist bis in die späten Abendstunden verfügbar ist?

Apropos Vorräte: Der Vorratsschrank ist in den meisten Haushalten ein schwarzes Loch. Niemand weiß so wirklich, was sich dort verbirgt. Unzählige Packungen Nudeln und Reis, drei angebrochene Sorten Mehl, zahllose Konserven und Mitbringsel in Form von Ölen, Essigen und Gewürzen. Und es kommt ständig etwas dazu - wie schnell ist im Supermarkt wieder dieses und jenes im Einkaufswagen gelandet. Aber mal ehrlich: Sind es am Ende nicht doch immer die gleichen Zutaten, die du beim Kochen verwendest?

Hast du beim Einkaufen eine Liste mit den Zutaten dabei, die du für die Woche benötigst oder landet im Korb, was gerade gefällt? Gehe einmal bewusst einkaufen, vielleicht sogar in einem Unverpackt-Laden in deiner Stadt. Schreibe genau auf,

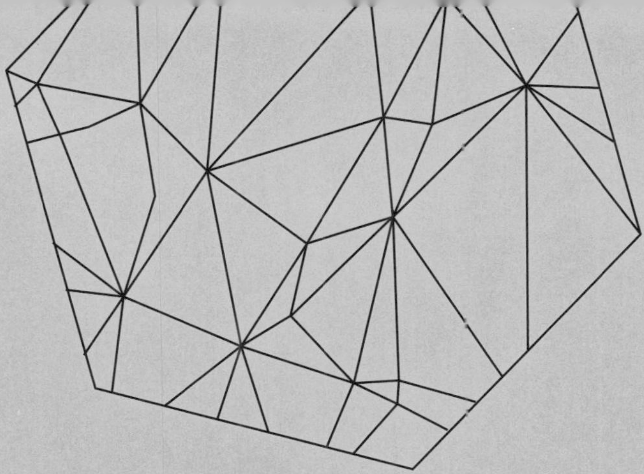

was du benötigst. Auf diese Weise kommt es viel seltener zu Spontaneinkäufen.

Sich auf das Wesentliche zu beschränken, auch in der Küche, heißt nicht, in Askese zu leben und auf Genuss zu verzichten. Es heißt vielmehr, weniger Lebensmittel zu verschwenden und mehr Zeit bei der Zubereitung zu gewinnen, um die wirklich wichtigen Momente zu genießen: Ruhe und Zeit für das gemeinsame Essen.

Stelle dir vor, du öffnest die Tür zu deinem Vorratsschrank und blickst auf eine Reihe übersichtlicher Glasgefäße oder Tontöpfe, die mit einem Korkdeckel verschlossen und einheitlich beschriftet sind. Du wirst merken, dass diese klaren Strukturen deine Kreativität anregen. Statt fünf verschiedene, angebrochene Müslipackungen zu horten, kannst du mit einem einzigen Vorratsglas mit Haferflocken so viel mehr anstellen: Backe dein eigenes Knuspermüsli oder Haferplätzchen, koche Porridge oder deftige Haferpuffer. Sogar Hafermilch lässt sich aus Haferflocken herstellen. Nutze die unbegrenzten Möglichkeiten, die aus der Beschränkung entstehen! Die Zeit und Energie, die du zuvor mit dem Mottenfangen, Reinigen des Vorratsschranks und dem Ausmisten der Vorräte verschwendet hast, kannst du nun in das Ausprobieren neuer Rezepte stecken. Oder in eine kleine Auszeit, in der du in aller Ruhe deinen Lieblingstee genießt, den du jetzt mit einem Griff zur Hand hast.

ÜBUNG

TAG 23 + TAG 24

ÜBERLEGE DIR NACH WELCHEN WERTEN DU LEBST. TRIFFST DU ENTSCHEIDUNGEN FÜR ODER GEGEN ETWAS BEWUSST, INDEM DU SIE MIT DEINEN WERTEN ABGLEICHST? SUCHE AUS DER FOLGENDEN LISTE ZEHN WERTE HERAUS. SCHREIBE SIE UNTEREINANDER AUF UND GLEICHE DANN DEN ERSTEN MIT DEM ZWEITEN AB. WELCHER IST DIR WICHTIGER? WENN ES DER ERSTE IST, MACHE DAHINTER EINEN STRICH. VERGLEICHE NUN DEN ERSTEN WERT MIT DEM DRITTEN. WELCHER ERSCHEINT DIR WICHTIGER? UND SO WEITER – AUF DIESE WEISE FINDEST DU DIE FÜNF WERTE HERAUS, DIE FÜR DEIN LEBEN BESTIMMEND SIND.

LISTE

Abenteuer
Akzeptanz
Authentizität
Beliebtheit
Bescheidenheit
Bewusstheit
Dankbarkeit
Demut
Disziplin
Effizienz
Ehrlichkeit
Einfachheit
Eigenständigkeit
Erfolg
Einzigartigkeit
Fairness
Finanzielle Unabhängigkeit
Freude
Fröhlichkeit
Freiheit
Fleiß
Gemütlichkeit
Gerechtigkeit
Geselligkeit
Gesundheit
Großzügigkeit
Herausforderung
Hilfsbereitschaft
Hoffnung
Humor
Inspiration
Intuition
Intelligenz
Klarheit
Kontrolle
Kreativität
Lebendigkeit
Leidenschaft
Liebe
Loyalität
Lernen
Macht
Mut
Mitgefühl
Nachhaltigkeit
Nächstenliebe
Neugierde
Nähe
Offenheit
Optimismus
Ordnung
Perfektion
Pünktlichkeit
Professionalität
Reichtum
Respekt
Ruhm
Ruhe
Schönheit
Selbstvertrauen
Selbstständigkeit
Sicherheit
Spiritualität
Sinnlichkeit
Solidarität
Sparsamkeit
Spaß
Stärke
Toleranz
Treue
Tradition
Unabhängigkeit
Umweltschutz
Vermögen
Verantwortung
Verlässlichkeit
Vertrauen
Wissen
Wohlstand
Wahrheit
Wachstum
Zufriedenheit
Zugehörigkeit
Zuneigung

CHALLENGE

TAG 25

GLEICHE JEDEN GEGENSTAND, DEN DU HEUTE IN DIE HAND NIMMST, MIT DEINEN GRUNDLEGENDEN FÜNF WERTEN AB. EGAL, OB ES GEBRAUCHSGEGENSTÄNDE SIND, DEKOARTIKEL, BÜCHER ODER CDS. ENTSPRICHT DIESES TEIL KEINEM DEINER WERTE SORTIERE ES AUS.

ZITAT

TAG 26

„DEIN **WERT** LIEGT DARIN,
WER DU BIST,
NICHT, WAS DU BESITZT."

THOMAS ALVA EDISON

ÜBUNG

TAG 27

SETZE DICH AUF DEIN BETT. MACHE ES DIR GEMÜTLICH, DAMIT DU WÄHREND DER NÄCHSTEN ZEHN MINUTEN BEQUEM SITZT. SCHLIESSE DIE AUGEN UND STELLE DIR VOR, WIE DEIN SCHLAFZIMMER AUSSEHEN SOLL, NACHDEM DU 66 TAGE LANG MIT ÜBUNGEN UND DENKANSTÖSSEN DEINEN BLICK FÜR ÜBERFLÜSSIGES GESCHÄRFT UND NEUE GEWOHNHEITEN DES AUSMISTENS ETABLIERT HAST. VISUALISIERE DEINE VORSTELLUNG VON EINEM FAST „LEEREN“ RAUM UND HORCHE IN DICH HINEIN, WELCHE GEFÜHLE DAS AUSLÖST. FÜHLST DU DICH BEFREIT, KÖNNTEST DU BESSER ATMEN, BESSER SCHLAFEN? ODER KOMMT ANGST HOCH, WEIL DU NOCH NICHT BEREIT BIST ZUM LOSLASSEN? DIESE ÜBUNG KANNST DU IN JEDEM DEINER RÄUME DURCHFÜHREN.

CHALLENGE

TAG 28

MISTE WÄHREND DER NÄCHSTEN 30 TAGE JEDEN TAG EINE SACHE AUS. BEOBACHTE, WIE DU DICH DABEI FÜHLST UND SCHREIBE ES ANSCHLIESSEND AUF.

ZITAT

TAG 29

„VIELE WÜRDEN GERNE EIN **EINFACHERES LEBEN** FÜHREN, WENN **DER WEG** DORTHIN NICHT SO KOMPLIZIERT WÄRE.“

JUSTUS JONAS

ÜBUNG

TAG 30

MACHE DIR BEWUSST, WIE VIELE DVDS UND CDS DU BESITZT. HÖRST UND SIEHST DU DIR DIESE WIRKLICH NOCH AN? BESITZT DU ÜBERHAUPT NOCH EINEN CD- ODER DVD-PLAYER?

NOTIERE DEINE EINSCHÄTZUNG HIER.

CHALLENGE

TAG 31

VERKAUFE SO VIELE DEINER CDS UND DVDS, DASS DU DEN JAHRESBEITRAG FÜR EINE ONLINE-MEDIATHEK ZUSAMMEN HAST. ODER SOGAR FÜR ZWEI ODER DREI JAHRE. AUF SEITE 93 SIEHST DU, WO DU MEDIEN VERKAUFEN KANNST.

ÜBUNG

TAG 32

WIDME DICH HEUTE DEINEN BÜCHERREGALEN. WIE VIELE DEINER BÜCHER NIMMST DU HÄUFIGER IN DIE HAND, LIEST SIE MEHRFACH ODER SCHLÄGST DINGE NACH?

NOTIERE DEINE EINSCHÄTZUNG HIER.

CHALLENGE

TAG 33

RECHERCHIERE, WO SICH DIE NÄCHSTGELEGENE BIBLIOTHEK BEFINDET ODER WO ES OFFEN ZUGÄNGLICHE BÜCHERSCHRÄNKE ODER BUCHKÄSTEN GIBT. BRINGE IN DEN NÄCHSTEN ZWEI MONATEN JEDE WOCHE FÜNF BÜCHER DORTHIN.

TRACK DEN FORTSCHRITT

VERSCHAFFE DIR EINEN ÜBERBLICK ÜBER DEINEN FORTSCHRITT, INDEM DU JEDEN TAG EINE FLÄCHE AUSMALST.

- [ ] HEUTE HABE ICH ETWAS AUSSORTIERT UND MICH RICHTIG GUT DABEI GEFÜHLT.
- [ ] HEUTE HABE ICH WEDER ETWAS AUSSORTIERT NOCH ETWAS NEUES ANGESCHAFFT.
- [ ] HEUTE HABE ICH ETWAS GEKAUFT ODER ANGENOMMEN, DAS ICH EIGENTLICH NICHT WIRKLICH BRAUCHE.

KNOW HOW

Medien: Behalte, was Bedeutung hat

Früher war ich süchtig nach CDs. Musik bedeutet mir so viel, immer noch! Aber was fange ich mit drei Umzugskartons CDs an, wenn ich keinen CD-Player mehr besitze? Der Abschied ging etappenweise voran. Nach und nach räumte ich meine Musikschätze in Kartons, lagerte sie erst im Schlafzimmer und dann im Keller. Irgendwann wollte ich sie alle digitalisieren. Nur – mein neuer PC besaß kein CD-Laufwerk mehr! Dann entschloss ich mich, sie online zu verkaufen – bis das Hochwasser kam und mich vor vollendete Tatsachen stellte. Die CDs waren schlammig, die Cover fingen an zu schimmeln. Also tat ich das, was ich schon Monate zuvor hätte tun können: Ich entsorgte sie einfach! Die Natur hat mir in diesem Fall die Entscheidung abgenommen.

Es war ein Abschied auf Raten – das abrupte Ende fühlte sich trotzdem gut an. Natürlich hätte ich noch einige Euros rausholen und jemand anderem eine Freude bereiten können. Aber wenn du keine Energie zum schrittweisen Entrümpeln hast, ist das radikale Entsorgen manchmal die bessere Lösung. Und ehrlich: In Zeiten von Digitalisierung und Streamingdiensten benötigt niemand mehr CDs oder DVDs.

Spüre immer wieder in dich hinein, wie es dir mit dem Krempel in deinem Leben geht. Würde sich ein kurzfristiges Entsorgen womöglich besser anfühlen als ein etappenweiser Abschied? Sich wochenlang Gedanken zu machen, wie man den ganzen Kram am sinnvollsten unter die Menschen bringt oder den größtmöglichen Gewinn herausholt, wird dich blockieren. Dann ist deine Energie gebunden und du kannst dich nicht auf deine Stärken konzentrieren, mit denen du viel mehr in der

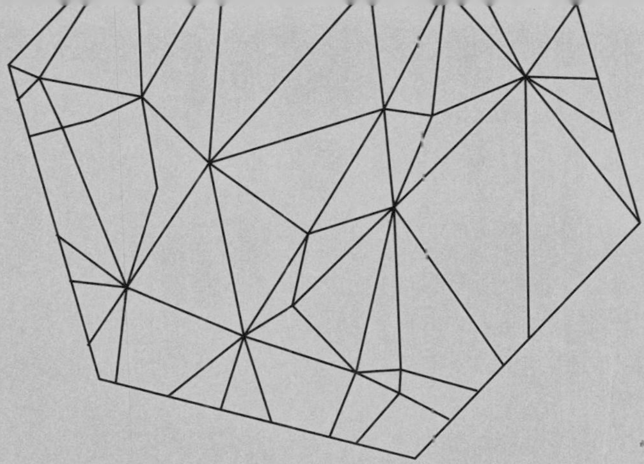

Welt bewegst. Ganz abgesehen von der Zeit, die du mit deiner Familie und Freunden verbringen oder dir etwas Gutes tun kannst.

Zu Büchern habe ich ein etwas gespaltenes Verhältnis – ich liebe Papier, die Haptik, den Geruch. Allerdings habe ich kaum ein Buch zweimal gelesen. An Romanen hängt mein Herz nicht so sehr wie an Kochbüchern. Ich liebe es, mich sonntags mit meiner Kochbuchsammlung hinzusetzen, sie durchzublättern und mich für den Speiseplan der kommenden Woche inspirieren zu lassen. Obwohl ich meinen Bestand an Kochbüchern um mehr als die Hälfte reduziert habe, sind es immer noch genügend. Aber nicht die Anzahl ist ausschlaggebend, sondern ihr Nutzen und ihre Bedeutung. Die Kochbücher, die ich noch besitze, inspirieren mich und ich halte sie mindestens zwei bis dreimal im Monat in der Hand. Romane lese ich nur noch auf meinem E-Book-Reader. Vielleicht ist es bei dir ja genau umgekehrt, du erfreust dich lieber an einem vollen Regal mit Romanen, die du mehrfach liest und holst dir Rezepte aus dem Internet oder einer Koch-App. All das ist erlaubt, solange du dir des Wertes und des Nutzens der Bücher bewusst bist, die du besitzt.

Magazine kommen mir nicht mehr ins Haus. Sie liefern einen Überfluss an Informationen und vermitteln meistens ein verzerrtes Gesellschaftsbild – Sachmagazine natürlich ausgenommen. Da ich auch die Informationsflut, die im Alltag auf mich einstürzt, reduzieren möchte, verzichte ich darauf. Wenn es mich doch einmal packt, gehe ich in den nächsten Zeitschriftenladen, blättere ein wenig durch die Hochglanzmagazine und habe ganz schnell meinen Durst darauf wieder gestillt.

ÜBUNG

TAG 34

VISUALISIERE DEINE VORSTELLUNG VON EINEM MINIMALISTISCHEN ZUHAUSE. ERSTELLE ZUM BEISPIEL AUF PINTEREST EINE PINNWAND UND GEHE AUF DIE SUCHE NACH INSPIRIERENDEN BILDERN! NOTIERE HIER, WELCHE ANREGUNGEN DU IN DEINEM ZUHAUSE GERNE UMSETZEN MÖCHTEST.

ZITAT

TAG 35

„WENN DU ERKENNST,
DASS ES DIR
AN NICHTS FEHLT,
GEHÖRT DIR DIE
GANZE WELT."

LAOTSE

ÜBUNG

TAG 36

CHECKE DEINEN BADEZIMMER-SCHRANK. WIE VIELE SHAMPOOS, DUSCHGELS UND PFLEGEPRO-DUKTE BESITZT DU? WELCHE DA-VON BENUTZT DU WIRKLICH? GIBT ES CREMES ODER LOTIONEN, DEREN HALTBARKEITSDATUM ABGELAUFEN IST? SORTIERE SIE AUS.

CHALLENGE

TAG 37

PACKE ALLE PFLEGEPRODUKTE, DIE DU DERZEIT NICHT BENUTZT, IN EINEN KARTON UND STELLE IHN IN DEN KELLER. LASSE WIRKLICH NUR DIE PFLEGEPRODUKTE IM BADEZIMMER, DIE DU AUCH VERWENDEST. HOLE IMMER NUR DANN ETWAS AUS DEM KARTON, WENN EINE SACHE AUFGEBRAUCHT IST. KAUFE SO LANGE NICHTS NEUES, BIS DER KARTON LEER IST.

ZITAT

TAG 38

„WIR KAUFEN NICHT,
WAS WIR HABEN WOLLEN.
WIR KONSUMIEREN, WAS WIR
SEIN MÖCHTEN."

JOHN HEGARTY

ÜBUNG

TAG 39

WIE VIELE KLEIDUNGSSTÜCKE BESITZT DU, DIE DIR NICHT MEHR PASSEN ODER DIE VERSCHLISSEN SIND? DURCHFORSTE DEINEN KLEIDERSCHRANK. VIELLEICHT HAST DU SAISONALE TEILE AUCH AUF DEM DACHBODEN ODER IM KELLER EINGELAGERT? SCHAUE HIER EBENFALLS NACH.

CHALLENGE

TAG 40

KAUFE WÄHREND DER NÄCHSTEN DREI MONATE KEINE KLEIDUNG, SONDERN ZIEHE NUR DAS AN, WAS DU BEREITS BESITZT. WENN EIN KLEIDUNGSSTÜCK KAPUTT GEHT, REPARIERE ES, BRINGE ES ZUR ÄNDERUNGSSCHNEIDEREI ODER SCHENKE IHM EIN NEUES LEBEN ALS LEBENSMITTELSÄCKCHEN ODER PUTZLAPPEN.
BEOBACHTE, WIE DU DICH DABEI FÜHLST UND SCHREIBE ES ANSCHLIESSEND AUF.

ZITAT

TAG 41

„CREATIVITY SITS IN THE ABSENCE OF CONSUMPTION."

THE MINIMALISTS

ÜBUNG

TAG 42

IN JEDEM KLEIDERSCHRANK BEFINDEN SICH LIEBLINGSTEILE. UND NOCH MEHR TEILE, DIE MAN EINMAL GEKAUFT HAT UND JETZT TROTZDEM NICHT SO GERNE MAG. WIE HOCH IST DER PROZENTSATZ DEINER KLEIDUNGSSTÜCKE, DIE WIRKLICHE LIEBLINGSTEILE SIND UND WIE HOCH DERJENIGE DER TEILE, DIE DU ÜBERHAUPT NICHT MEHR ANZIEHST?

NOTIERE DEINE EINSCHÄTZUNG HIER.

....

....

....

....

....

....

CHALLENGE

TAG 43

10-MAL-10-CHALLENGE! SUCHE ZEHN KLEIDUNGSSTÜCKE AUS, DIE DU GERNE TRÄGST UND DIE GUT KOMBINIERBAR SIND. IN DEN NÄCHSTEN ZEHN TAGE ZIEHST DU NUR DIESE KLEIDUNGSSTÜCKE AN. SPORT- UND SCHLAFSACHEN SOWIE SCHUHE UND ACCESSOIRES SIND DAVON AUSGENOMMEN. DU WIRST ÜBERRASCHT SEIN, DASS DU AUCH MIT WENIGEN TEILEN GUT AUSKOMMEN KANNST.

NOTIERE HIER, WIE DU DICH DABEI GEFÜHLT HAST.

....

....

....

....

....

....

ZITAT

TAG 44

„MINIMALISMUS IST DER SCHLÜSSEL ZU WAHRER ELEGANZ."

COCO CHANEL

TRACK DEN FORTSCHRITT

VERSCHAFFE DIR EINEN ÜBERBLICK ÜBER DEINEN FORTSCHRITT, INDEM DU JEDEN TAG EINE FLÄCHE AUSMALST.

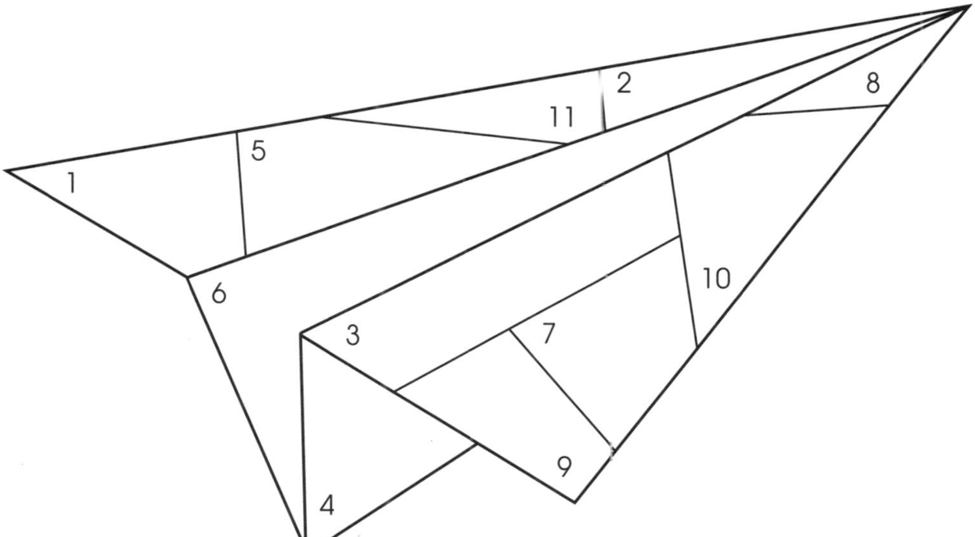

- [ ] HEUTE HABE ICH ETWAS AUSSORTIERT UND MICH RICHTIG GUT DABEI GEFÜHLT.
- [ ] HEUTE HABE ICH WEDER ETWAS AUSSORTIERT NOCH ETWAS NEUES ANGESCHAFFT.
- [ ] HEUTE HABE ICH ETWAS GEKAUFT ODER ANGENOMMEN, DAS ICH EIGENTLICH NICHT WIRKLICH BRAUCHE.

KNOW HOW

Dein Badezimmer als echter Wohlfühlort

Auch das Badezimmer ist ein Ort, an dem sich ganz schnell ganz viel Zeug anhäufen kann. Die verführerischen Düfte und Farben von Shampoos, Duschgelen oder Bodylotions, die immer wieder neue Pflegewunder versprechen, sind auch zu verlockend. Für jedes Problemchen gibt es ein Wässerchen, und leben dann noch mehrere Personen in einem Haushalt, sammeln sich schon mal leicht zwanzig bis dreißig verschiedene Pflegeprodukte oder mehr an. Ein Duschgel für trockene Haut, eines für den Mann, eines mit Glitzer für die Tochter, eines für besondere Anlässe. Shampoo für feines Haar, gegen Schuppen, für mehr Glanz, für leichteres Durchkämmen – die Liste ließe sich unendlich weiterführen.

Aber werden all diese Flaschen, Tuben und Tiegel wirklich benutzt? Oder ärgerst du dich immer wieder, weil sie viel Platz einnehmen oder im überfüllten Duschkorb regelmäßig runterfallen? Was brauchen deine Haare und die deiner Familie wirklich? Vielleicht könnt ihr euch auf ein einziges Produkt einigen?

Mir persönlich fiel das Ausmisten leicht, da ich mich dazu entschlossen hatte, im Badezimmer komplett auf Mikroplastik, Palmöl und Plastikverpackungen zu verzichten. Ein drastischer, doch sehr befreiender Schritt. Auch die Ästhetik kommt nicht zu kurz, denn ein Stück Seife in einer schönen Schale erfreut das Auge weitaus mehr als ein Haufen bunter, chaotisch zusammengedrängter Plastikflaschen. Nachdem sich eine spezielle Shampoo-Seife leider als ungünstig für meine Kopfhaut erwies, musste ich dann doch auf ein Öko-Shampoo umsteigen. Die drei Plastikflaschen, die ich deswe-

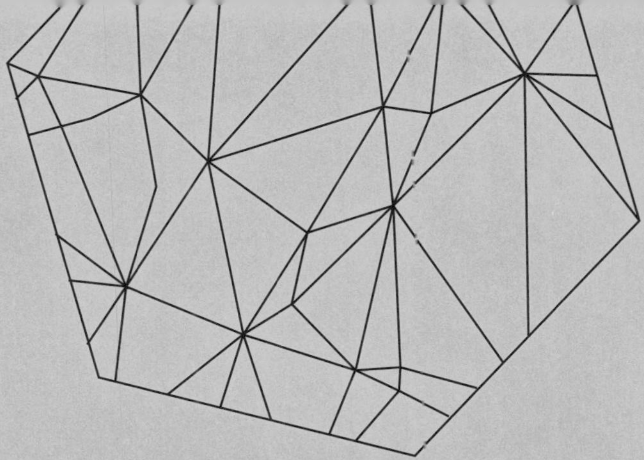

gen im Jahr kaufe, werden für selbstgemacht Kosmetik wiederverwendet und nicht weggeworfen.

Am spannendsten fand ich die Umstellung auf einen Mehrweg-Rasierhobel. Aber Vorsicht: Die Klingen sind schärfer als scharf. Mal eben schnell eine Rasur unter der Dusche kann Risiken bergen. So nehme ich mir inzwischen Zeit dafür und genieße eine kleine Wellness-Auszeit im Bad, ohne ein schlechtes Gewissen zu haben, durch Einwegrasierer Abfall zu produzieren.

Für mein Gesicht verwende ich nur noch Karottenöl und statt künstlich riechender Bodycremes in großen Plastiktiegeln gönne ich meiner Haut Mandelöl. Da weiß ich genau, was drin ist und kann alles in Glasflaschen nachfüllen.

Die Werbeindustrie versucht uns immer wieder weiszumachen, dass wir dieses oder jenes Produkt unbedingt brauchen. Versuche lieber, auf deinen Körper zu hören. Reduziere nicht nur die Informationsflut, sondern auch die optische Überreizung durch knallbunte Tuben und erfreue dich an natürlichen Aromaölen. Trainiere deine Nase und entwickle ein Gespür für deinen eigenen Geruch und den deines Partners. Übertünche ihn nicht täglich mit künstlichen Düften. Gehe in deinem eigenen Tempo. Versuche, nicht alles auf einmal zu ändern. Vielleicht startest du mit einem selbstgemachten Deo: Fülle in Wasser aufgelöstes Natron (1,5 Teelöffel auf 100 ml) zusammen mit zehn Tropfen Aromaöl (z. B. Minze, Salbei, Lavendel) in eine Sprühflasche. Gib deinem Körper mindestens zwei Wochen Zeit, sich daran zu gewöhnen. Du wirst staunen, welche Wirkung es entfaltet!

ZITAT

TAG 45

„BUY LESS,
CHOOSE WELL,
MAKE IT LAST."

VIVIENNE WESTWOOD

ÜBUNG

TAG 46

SORTIERE ALLE KLEIDUNGS-STÜCKE AUS, DIE DU EIN JAHR LANG NICHT MEHR GETRAGEN HAST. PACKE SIE IN EINE KISTE UND LAGERE SIE IM KELLER. VERMISST DU NACH ZWEI MONATEN KEIN EINZIGES TEIL DARAUS, DANN VERSCHENKE, SPENDE ODER VERKAUFE DIE KOMPLETTE KISTE.

CHALLENGE

TAG 47

KOMBINIERE IN DEN NÄCHSTEN ZWEI MONATEN JEDE WOCHE EINMAL KLEIDUNGSSTÜCKE, DIE DU SO NOCH NIE ZUSAMMEN GETRAGEN HAST. FARBKOMBINATIONEN, SCHNITTE ODER MUSTER – TRAUE DICH ETWAS NEUES, LERNE DEINEN KLEIDERSCHRANK BESSER KENNEN UND HOLE DAS MAXIMUM AUS DEINEN LIEBLINGSSTÜCKEN HERAUS! BEOBACHTE, WIE DU DICH DABEI FÜHLST UND SCHREIBE DEINE GEDANKEN ANSCHLIESSEND AUF. NOTIERE ZUSÄTZLICH BESONDERS GELUNGENE KOMBINATIONEN, DIE DU AUF JEDEN FALL WIEDER TRAGEN MÖCHTEST.

ZITAT

TAG 48

„DAS LEBEN
IST EINE REISE.
NIMM NICHT ZU VIEL
GEPÄCK MIT."

BILLY IDOL

ÜBUNG

TAG 49

BERGE, STRANDURLAUB ODER STÄDTETOUR – WEISST DU GENAU, WAS DU BENÖTIGST, WENN DU IN DEN URLAUB FÄHRST? DENKE AN DEINE LETZTEN FERIEN ZURÜCK. HAST DU WIRKLICH ALLES GETRAGEN, WAS DU EINGEPACKT HAST? ODER KONNTEST DU DIE HÄLFTE NICHT ANZIEHEN, WEIL DU FALSCH ODER ZU VIEL EINGEPACKT HATTEST?

NOTIERE DEINE GEDANKEN DAZU.

CHALLENGE

TAG 50

STELLE DIR VOR, DU FÄHRST MORGEN FÜR EINE WOCHE IN DEN URLAUB. ERLAUBT IST NUR EIN HANDGEPÄCKKOFFER. PACKE IN 15 MINUTEN ALLES EIN, WAS DU BENÖTIGST. DU BESUCHST EINE STADT IN MITTELEUROPA, ES WERDEN IM SCHNITT 15 GRAD CELSIUS ERWARTET UND ES BLEIBT TROCKEN. VERGISS DEN BADEANZUG NICHT!

ÜBUNG

TAG 51 + TAG 52

ERSTELLE EINE INVENTARLISTE DEINES KLEIDER-SCHRANKS INKLUSIVE TASCHEN UND SCHUHE.

LISTE

Jacken/Mäntel	Strickjacken	Oberteile	Kleider
Röcke	**Hosen**	**Schuhe**	**Taschen**

CHALLENGE

TAG 53

JETZT HAST DU EINEN ÜBERBLICK ÜBER DEN INHALT DEINES KLEIDERSCHRANKS. NUN STELLE DICH DEM PROJEKT 333: WÄHLE FÜR DREI AUFEINANDERFOLGENDE MONATE, BEISPIELSWEISE FÜR DEN FRÜHLINGSBEGINN MIT MÄRZ, APRIL UND MAI 33 TEILE INKLUSIVE TASCHEN UND SCHUHE AUS DEINEM KLEIDERSCHRANK AUS. NOTIERE DIR DIE KLEIDUNGSSTÜCKE, DIE DU AUSWÄHLST, FOTOGRAFIERE SIE IN VERSCHIEDENEN KOMBINATIONEN UND LEGE EIN ALBUM IN DEINER DIGITALEN FOTOSAMMLUNG AN. SO BIST DU GUT VORBEREITET UND VERFÄLLST NICHT IN PANIK, WENN ES SO WEIT IST.

ZITAT

TAG 54

„WER NICHT VON **WENIGEM** ZU LEBEN VERSTEHT, WIRD **ZEITLEBENS** EIN **SKLAVE** BLEIBEN."

HORAZ

ZITAT

TAG 55

„PERFEKTION IST NICHT DANN ERREICHT, WENN ES NICHTS MEHR HINZUZUFÜGEN GIBT, SONDERN WENN MAN NICHTS MEHR WEGLASSEN KANN."

ANTOINE DE SAINT-EXUPÉRY

TRACK DEN FORTSCHRITT

VERSCHAFFE DIR EINEN ÜBERBLICK ÜBER DEINEN FORTSCHRITT, INDEM DU JEDEN TAG EINE FLÄCHE AUSMALST.

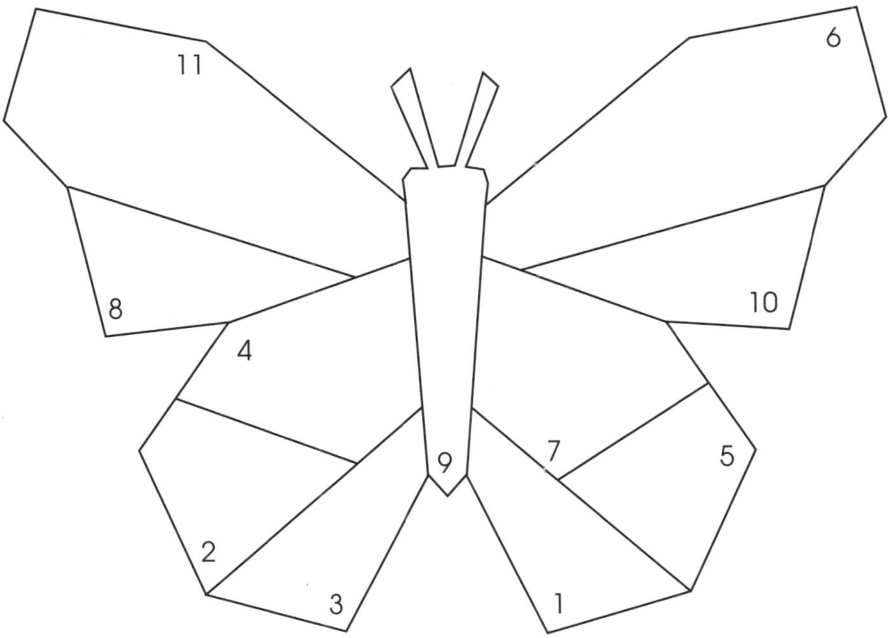

- [ ] HEUTE HABE ICH ETWAS AUSSORTIERT UND MICH RICHTIG GUT DABEI GEFÜHLT.
- [ ] HEUTE HABE ICH WEDER ETWAS AUSSORTIERT NOCH ETWAS NEUES ANGESCHAFFT.
- [ ] HEUTE HABE ICH ETWAS GEKAUFT ODER ANGENOMMEN, DAS ICH EIGENTLICH NICHT WIRKLICH BRAUCHE.

KNOW HOW

Weg mit dem Überfluss: Reduziere und sei du selbst!

Der minimalistische Kleiderschrank ist in den Medien derzeit schwer angesagt. Und auch meine große Reise zum Minimalismus begann mit der gezielten Entrümpelung meines Kleiderschranks. Nur um dir die Dimensionen zu veranschaulichen: In dem Schrank, in dem sich früher alleine meine Schuhe befanden, bewahre ich heute ALLES auf. Kleidung, Jacken, Schuhe, Sportklamotten, Bettwäsche, Wintersachen und Accessoires. Zuerst flog alles raus, was ich ein Jahr lang nicht mehr getragen hatte. Meine Pumps aus Bürozeiten, die in den letzten drei Jahren nur noch schön aufgereiht, aber nie in Benutzung waren, mussten ebenso weichen wie meine Sneaker-Sammlung, die ich von 19 auf zwei Paare reduzierte. Ich sortierte alle Teile aus, die nicht mehr passten. Es durfte nur das bleiben, was auch wirklich getragen wurde und in dem ich mich wohlfühlte. Wer bitte benötigt zehn Stretch-Jeans? Weder du noch ich. Am Ende zieht man sowieso immer nur dieselbe an.

Wie viel Zeit verbringst du morgens damit, zu überlegen, was du anziehst? Da wird die schicke Seidenbluse übergestreift, um dann zum wiederholten Male festzustellen, dass ihr zwei Knöpfe fehlen. Oder die dunkelblaue Jeans, deren Reißverschluss immer noch kaputt ist. Der Wollpulli mit dem gezogenen Faden, das Shirt mit dem viel zu weiten Ausschnitt oder der zu enge Blazer. Noch bevor der Tag so richtig beginnen konnte, hast du schon den ersten Psycho-Crash hinter dir, weil du trotz überquellendem Schrank nichts zum Anziehen findest. Schließlich greifst du dann doch wieder zu dem, was du täglich anhast.

Ich habe mir früher immer Gedanken gemacht, was die Kollegen wohl von

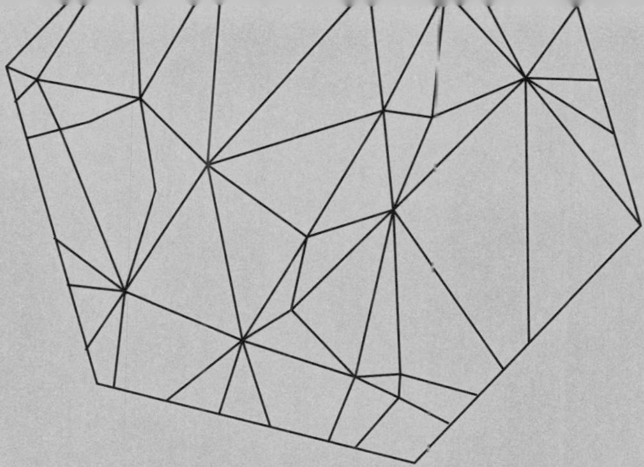

mir denken, wenn ich in einer Woche zweimal die gleiche Hose anhatte. Ich verrate dir etwas: Es wird niemandem auffallen! Und was spricht dagegen, eine Art bürotaugliche Uniform zusammenzustellen? Matilda Kahl, Art Direktorin aus New York, hatte die Schnauze voll und kaufte sich eines Tages 15 Mal die gleiche weiße Bluse und sechs schwarze Hosen. Sie zieht einfach jeden Tag im Büro das Gleiche an und hat dadurch viel an Lebensqualität gewonnen. Das ist natürlich ein Extrem, aber ähnlich kannst du es auch handhaben. Die 10-mal-10-Challenge (siehe Seite 59) oder die 333-Methode (Seite 72) helfen dir, deinen Stil zu finden und nur noch Lieblingsstücke im Schrank zu haben. Eine Capsule-Wardrobe wird daraus, wenn alle Stücke untereinander kombinierbar sind.

Deine Lieblingspumps drücken und nach drei Stunden verfluchst du sie jedes Mal, kannst dich aber nicht von ihnen trennen? Tu es – und zwar genau jetzt! Verkaufe sie, schenke sie einer Freundin und kaufe dir die bequemsten Pumps, die du je hattest. Ziehe sie jeden Tag an und freue dich an deinem leichten Gang. Das Leben ist eindeutig zu kurz für drückende Schuhe und unbequeme Klamotten. Mit gut sitzender Kleidung, in der du dich wohl fühlst, kannst du so viel mehr du selbst sein und alles geben. Investiere in qualitative Teile, an denen du lange Freude hast und die du gerne pflegst. Mache dir selbst dieses Geschenk des aufgeräumten und minimalistischen Kleiderschranks und starte so jeden Morgen bestens gelaunt in den Tag!

CHALLENGE

TAG 56

DIESE CHALLENGE SOLLTEST DU UNBEDINGT FÜR IMMER IN DEINEM LEBEN ETABLIEREN: EINES KOMMT, EINES GEHT. IMMER, WENN DU EIN NEUES BUCH KAUFST, MUSS DAFÜR EIN ALTES DEIN HAUS VERLASSEN. KAUFST DU EIN NEUES PAAR SCHUHE, MUSS EIN ANDERES PAAR DAFÜR GEHEN. AUF DIESE WEISE ÜBERLEGST DU AUTOMATISCH VOR JEDEM KAUF, OB DU DAS, WAS DU KAUFEN WILLST, AUCH WIRKLICH BRAUCHST. DENN WENN DU KEINES DER DINGE, DIE DU BEREITS BESITZT, GEHEN LASSEN KANNST, DANN BRAUCHST DU AUCH KEIN NEUES.

ZITAT

TAG 57

„DIE **WELT** HAT GENUG
FÜR JEDERMANNS BEDÜRFNISSE,
ABER NICHT GENUG
FÜR **JEDERMANNS** GIER."

MAHATMA GHANDI

ÜBUNG

TAG 58

WO HAST DU IN DEINER WOHNUNG ÜBERALL PAPIERKRAM VERSTREUT? SAMMLE ALLES EIN UND LEGE EINEN ORT FEST, AN DEM DU ALLES GUT ZUGÄNGLICH AUFBEWAHRST.

CHALLENGE

TAG 59

ÜBERLEGE DIR EIN ORGANISATIONSSYSTEM UND HALTE DICH 66 TAGE DARAN. LEGE EINEN FESTEN TAG IM MONAT ZUM ORDNEN, SORTIEREN UND DIGITALISIEREN DEINER PAPIERE FEST.

ICH HABE MIR FOLGENDES ORDNUNGSSYSTEM ÜBERLEGT:

....

....

....

CHALLENGE

TAG 60 + TAG 61

VERANSTALTE EINEN HAUSFLOHMARKT! JETZT, DA DU SO VIELE DINGE ENTRÜMPELT HAST, IST DIES DIE OPTIMALE GELEGENHEIT, UM DEINE URLAUBSKASSE AUFZUBESSERN. ERZÄHLE DEINEN FREUNDINNEN DAVON, WIE GUT ES SICH ANFÜHLT, LOSZULASSEN. VIELLEICHT STECKST DU JA DIE EINE ODER ANDERE MIT DEINEM MINIMALISMUS-VORHABEN AN. ERFAHRUNGSAUSTAUSCH AUF DIESEM GEBIET IST WICHTIG – UND GEMEINSAM MACHT DAS AUSMISTEN GLEICH VIEL MEHR SPASS.

LISTE

Was verkaufe ich?	Weshalb benötige ich es nicht mehr?	Angesetzter Preis

CHALLENGE

TAG 62

NIMM DIR EINE HALBE STUNDE ZEIT UND SCHREIBE AUF, WESHALB DU IN DER VERGANGENHEIT SO VIELE DINGE „UNBEDINGT“ GEBRAUCHT HAST. FÜR WELCHE GEFÜHLE, LEERE ODER SCHMERZ WAR KONSUM DEINE KOMPENSIERUNG?

ZITAT

TAG 63

„LERNE LOSZULASSEN,
DAS IST DER
SCHLÜSSEL
ZUM GLÜCK."

BUDDHA

ÜBUNG

TAG 64

DAMIT DU DIE DINGE, DIE DU AUSGEMISTET HAST, BESSER SORTIEREN KANNST, STELLE DREI KARTONS BEREIT. BESCHRIFTE DEN ERSTEN MIT „VERSCHENKEN“, DEN ZWEITEN MIT „VERKAUFEN“ UND DEN DRITTEN MIT „WEGWERFEN“. SO BEHÄLTST DU GANZ LEICHT DEN ÜBERBLICK UND KANNST NOCH EINMAL TESTEN, OB DU DIE DINGE AUCH WIRKLICH NICHT BRAUCHST. DIE KISTEN STEHEN IM KELLER – WENN DU ETWAS WIRKLICH BENÖTIGST, HAST DU EINFACHEN ZUGRIFF DARAUF. NACH DREI MONATEN KÖNNEN DIE KISTEN DANN IHREM VERWENDUNGSZWECK ZUGUTE KOMMEN.

CHALLENGE

TAG 65

ETABLIERE JEDEN TAG 15 MINUTEN ENTRÜMPELUNGS- UND AUFRÄUM-ZEIT IN DEINEN TAGESABLAUF, AM BESTEN DIREKT VOR DEM SCHLAFENGEHEN. GEHE KURZ DURCH ALLE RÄUME, NIMM IMPULSE AN, DINGE AUSZUSORTIEREN UND ORDNE SIE IN DEINE DREI KISTEN EIN. SO GEHST DU ERLEICHTERT UND MIT EINEM GUTEN GEFÜHL SCHLAFEN.

NOTIERE HIER, WIE ES DIR DABEI ERGANGEN IST.

ÜBUNG

TAG 66

MACHE DIR BEWUSST, WESHALB DU DICH VON DINGEN BEFREIEN MÖCHTEST. IST ES DIR WICHTIG, MEHR ORDNUNG IN DEIN LEBEN ZU BRINGEN, BEWUSSTER ZU KONSUMIEREN? ODER MÖCHTEST DU MEHR ZEIT ZUR VERFÜGUNG HABEN UND GELD SPAREN? SCHREIBE ES HIER AUF! NICHTS IST SO KRAFTVOLL WIE DAS WISSEN UM DEIN WARUM. ES VERLEIHT DIR JEDEN TAG DIE ENERGIE, AUF DEINEM WEG IN EIN LEICHTERES UND ERFÜLLTERES LEBEN WEITERZUGEHEN.

GESCHAFFT!

Wow, du hast bis zum Ende der 66 Tage durchgehalten! Und damit hast du die besten Voraussetzungen dafür geschaffen, dich in Zukunft nur noch mit den Dingen zu umgeben, die dir wirklich etwas bedeuten. Du hast gelernt, Routinen für das Ausmisten und Loslassen zu entwickeln, die nun zur Gewohnheit werden. Ist es nicht ein herrliches Gefühl, zu wissen, dass künftig alles einem Zweck dient, sich gut anfühlen wird, keine Hose mehr zwickt, du über kein Gerümpel mehr stolpern wirst oder dich über den ganzen Nippes ärgerst, den du eigentlich abstauben müsstest?

Doch wie integrierst du den Minimalismus langfristig in dein Leben? Die Kleiderschrank-Challenges kannst du alle drei Monate wiederholen. Wechsle deine Garderobe saisonal und packe die Kleidungsstücke, die du für die aktuelle Jahreszeit nicht benötigst, in den Keller. So bleibt dein Schrank immer schön übersichtlich und aufgeräumt. Auch die anderen Challenges lassen sich beliebig oft wiederholen. Ich habe mir angewöhnt, jedes Mal, wenn es mir nicht gut geht und ich das Gefühl habe, festzustecken, auszumisten. Und ja, es gibt auch in meinem Haushalt immer noch Dinge, die gehen dürfen! Mit der Zeit etablieren sich die verschiedenen Challenges von ganz allein, da sie einfach für Glücksmomente sorgen. Denke daran: Minimalismus ist keine einmalige Aktion. Es ist ein Prozess, der sich über Monate hinwegziehen kann. Sei liebevoll und geduldig mit dir selbst. Alles braucht seine Zeit. Aber das Tolle ist ja: Du wirst tatsächlich mehr Zeit für die wichtigen und schönen Dinge haben, wenn du ausgemistet hast! Deine Strukturen und Routinen sorgen für Klarheit und Übersicht und du gehst befreiter und beschwingt durch deinen Tag. Endlich Zeit statt Zeug – wie wundervoll!

KNOW HOW

Weg mit dem Papierkram: Tipps und Tricks

Es ist noch kein Meister vom Himmel gefallen. Und auch wenn ich meine Wohnfläche inzwischen von 75 Quadratmetern mit Kellerraum auf 25 Quadratmeter ohne Keller reduziert habe, gibt es auch bei mir noch das ein oder andere Fleckchen mit Verbesserungspotenzial. Dazu gehört definitiv der Papierkram.

Überlege einmal, wie viele Briefe ohne Inhalt, Flyer vom Pizzalieferdienst oder Werbeprospekte täglich in deinem Briefkasten landen. Und wie viel Zeit und Energie du dafür aufwenden musst, Wichtiges von Unwichtigem zu unterscheiden. Es gab Zeiten, da habe ich wirklich JEDES Schreiben aufgehoben und abgeheftet. Auf meinem Weg in den Minimalismus habe ich dann ein für mich geniales Ordnungssystem entdeckt: die Hängeregistratur. Werbung entsorge ich inzwischen direkt ins Altpapier, und wenn ich mich bei allem anderen nicht innerhalb von 30 Sekunden entscheiden kann, ob es aufgehoben werden sollte oder nicht, kommt es in die Hängeregistratur. Für mich ist dieses System wesentlich einfacher als ein Ordner – bei der Hängeregistratur suchst du nur nach dem richtigen Reiter und lässt den Brief ohne Probleme in das passende Fach gleiten. Einmal im Monat steht dann konsequent die Durchsicht an. Ich durchforste die einzelnen Fächer und entscheide mich in Ruhe, ob etwas aufgehoben werden muss oder nicht. Wichtiges scanne ich mit einer passenden App auf dem Handy ein und lege es in der Cloud ab.

Inzwischen hebe ich wirklich nur noch Papiere auf, die gesetzlich vorgeschrieben sind, Steuerunterlagen zum Beispiel. Oder Rechnungen, die wichtig für Garantien sind.

Wie sieht es mit deiner Visitenkartensammlung aus? Ich habe mir angewöhnt, die Informationen direkt auf meinem Handy zu speichern und die Visitenkarte umgehend zurückzugeben. Super für die Umwelt und für deine Ordnung zu Hause!

Wie du am Ende deine Papiere sortierst, ist natürlich Geschmacksache. Am wichtigsten ist, dass du den Überblick behältst und so wenig Platz, Zeit und Energie wie möglich damit verschwendest. Im Internet findest du jede Menge Tipps, wie du Papierkram ablegen kannst. Nimm dir etwas Zeit fürs Lesen und suche das für dich passende System heraus. Wenn du nach drei Monaten nicht damit zurechtkommst, nimm dir das nächste vor. Probiere so lange aus, bis du das Passende gefunden hast. Kaum etwas verschafft nämlich so ein erleichterndes Gefühl wie die Gewissheit, seinen Papierkram immer geordnet und mit einem Griff die wichtigsten Informationen zur Hand zu haben.

WEITERFÜHRENDE INFOS UND TIPPS

BÜCHER:

Courtney Carver
Soulful Simplicity: How Living with less can lead to so much more

Ryan Nicodemus und Joshua Fields Millburn
Minimalism: Live a Meaningful Life
Everything That Remains: A Memoir by The Minimalists

Fumio Sasaki
Das kann doch weg! Das befreiende Gefühl, mit weniger zu Leben.

Julie Pointer Adams
Wabi-Sabi Welcome: Learning to Embrace the Imperfect and Entertain with Thoughtfulness and Ease

Lina Jachmann
Einfach Leben: Der Guide für einen minimalistischen Lebensstil

Joachim Klöckner
Der kleine Minimalist

BLOGS:

www.erleichtert.net
www.schlichtheit.com
www.theorganizedcardigan.de
www.bemorewithless.com
www.minimalkonzept.de
www.einfachbewusst.de

INSTAGRAM:

@theminimalistwardrobe
@theminimalists
@zerowastehome
@dariadaria
@greenandwhales
@minimalismandmotherhood
@minimalistbible

HIER KANNST DU DEINE AUSSORTIERTEN GEGENSTÄNDE SPENDEN/VERKAUFEN/VERSCHENKEN:

Kleidung:
Oxfam, Heilsarmee, Kleiderkreisel, Frauenhaus, Kleidertauschparty, DRK oder Caritas Kleiderkammer, Arbeiterwohlfahrt (AWO)

Bücher/Magazine/CDs/DVDs:
Booklooker, Momox, öffentliche Bücherschränke, Bibliothek, Fairmondo, mehrwegbuch.de

Lebensmittelvorräte:
Foodsharing, Nachbarn, Freunde

Elektronische Geräte:
reBuy, wirkaufens, zoxs

Haushaltswaren/Möbel:
Sozialkaufhaus, wohindamit.org

DIE AUTORIN

Sigrid Britta Morbitzer, geboren 1981 in Mainz am Rhein, entdeckte ihre Liebe zum Kochen und zu guten Lebensmitteln während ihres Au-Pair-Jahres in Frankreich. Nach dem BWL-Studium und zehn Jahren Berufserfahrung im Controlling verwirklichte sie ihren Traum vom eigenen Café. Brit Morbitzer betrieb zwei Jahre lang Brits KWISIN in Mainz, wo sie rheinhessische Köstlichkeiten mit französischem Touch servierte. Seit 2017 ist sie als freiberufliche Rezeptentwicklerin und Autorin in den Bereichen Kochen, Backen und Minimalismus kreativ. Inspiration holt sie sich auf zahlreichen Reisen durch Europa, deren Einflüsse in ihre Kreationen einfließen.

@brit_morbitzer

BUCHTIPPS

978-3-7724-4921-5

978-3-7724-4907-9

978-3-7724-4913-0

978-3-7724-4909-3

978-3-7724-4914-7

978-3-7724-5336-6

IMPRESSUM

TEXTE: Gabriele Betz, Tübingen (Seiten 3-6),
Sigrid Britta Morbitzer (alle Übrigen)
PRODUKTMANAGEMENT: Lisa-Marie Weigel
LEKTORAT: Gabriele Betz, Tübingen
LAYOUT: Eva Grimme
SATZ: Tatjana Ströber
DRUCK UND BINDUNG: POLYGRAF PRINT spol. s r.o.

1. Auflage 2018

ISBN 978-3-7724-4922-2 · Best.-Nr. 4922

